I0606154

# Los asombrosos dientes de los animales

Grace Hansen

Abdo Kids Jumbo es una subdivisión de Abdo Kids
abdobooks.com

**abdobooks.com**

Published by Abdo Kids, a division of ABDO, P.O. Box 398166, Minneapolis, Minnesota 55439.


Printed in China

102025

012026

Spanish Translator: Maria Puchol

Photo Credits: Getty Images, Shutterstock

Production Contributors: Teddy Borth, Jennie Forsberg, Grace Hansen
Design Contributors: Candice Keimig, Pakou Moua

Library of Congress Control Number: 2025941969

Publisher's Cataloging-in-Publication Data

Names: Hansen, Grace, author.

Title: Los asombrosos dientes de los animales/ by Grace Hansen

Other title: Different teeth of animals. Spanish

Description: Minneapolis, Minnesota: Abdo Kids, 2026. | Series: Asombrosas características de los animales | Includes online resources and index.

Identifiers: ISBN 9798384908807 (lib.bdg.) | ISBN 9798384909385 (ebook)

Subjects: LCSH: Animals--Juvenile literature. | Body composition--Juvenile literature. | Teeth--Juvenile literature. | Zoology--Juvenile literature. | Spanish Language Materials--Juvenile literature.

Classification: DDC 591.1--dc23

# Contenido

# Las diferentes formas de dientes de los animales

En el reino animal hay muchos tipos de dientes diferentes. ¡Algunos animales pueden sobrevivir gracias a la forma de sus dientes!

## Herbívoros

Los animales que sólo comen plantas se llaman herbívoros. Tienen unos dientes especiales que les ayudan a comer plantas.

Los dientes **incisivos** de un herbívoro son afilados. Estos dientes les sirven para arrancar plantas como hierba y hojas.

Algunos animales tienen dientes **incisivos** en la parte superior e inferior de la boca. Otros, como las ovejas y las cabras, sólo tienen incisivos inferiores.

Los **molares** de un herbívoro son anchos y planos. Estos dientes ayudan a triturar la comida. La materia vegetal es difícil de **digerir** si no está triturada.

incisivos
molares

## Carnívoros

Los carnívoros son animales que sólo comen carne. Para poder comer, deben cazar su alimento.

Un carnívoro tiene dientes **incisivos** afilados y **caninos** puntiagudos. Estos dientes se utilizan para capturar **presas** y desgarrar la carne. Los carnívoros también pueden tener **molares** afilados para masticar.

canino
molar

Algunos carnívoros, como los tiburones, no necesitan **molares**. Pueden tragar trozos de carne enteros sin masticarlos.

## Omnívoros

Los omnívoros son animales que comen tanto plantas como carne. Suelen tener dientes **incisivos**, **caninos** y **molares**. Comen una gran **variedad** de alimentos.

# ¡A revisar los dientes!

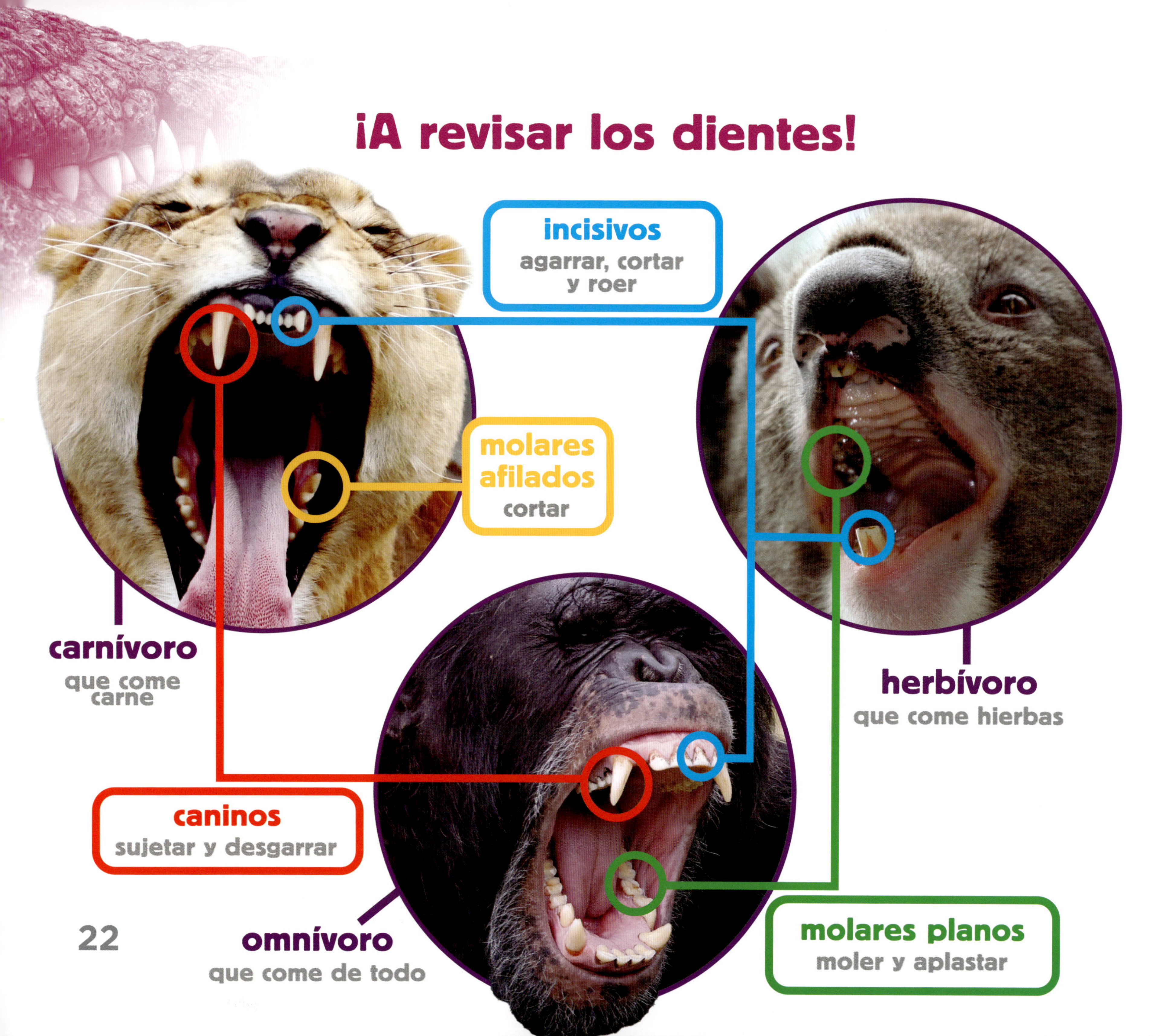

# Glosario

**caninos** – dientes puntiagudos de muchos animales, situados entre los dientes frontales y las muelas.

**digerir** – descomponer sustancias en el aparato digestivo para ser utilizadas por el organismo.

**incisivos** – en los mamíferos, los cuatro dientes afilados situados en la parte delantera de la boca entre los caninos de cada mandíbula.

**molar** – diente grande situado en la parte posterior de la boca, con una gran superficie de mordida que sirve para triturar los alimentos.

**presa** – animal que es cazado para ser comido por otro animal.

**variedad** – número de diversas cosas en un grupo.

# Índice

¡Visita nuestra página **abdokids.com** para tener acceso a juegos, manualidades, videos y mucho más!

*Los recursos de internet están en inglés.*

Usa este código Abdo Kids

**ADK6295**

¡o escanea este código QR!